www.tuletraonline.com

CONTRAPALABRAS

AGUA DE CORAL
Tu Letra Online

CONTRAPALABRAS

Edgardo Hinginio

AGUA DE CORAL
Tu Letra Online
2019

Contrapalabras
Edgardo Hinginio -Agua de coral- 2019

Esta publicación forma parte de la colección *Agua de coral* conformada por poesía.

ISBN: 9781689683968
por: Tu Letra Online 2019
www.tuletraonline.com

CORRECCIÓN
Alberto Sicilia Martínez

DISEÑO INTERIOR Y PORTADA
David Morales

LA MESA (Imagen de cubierta)
Ernesto Blanco

Tu Letra Online es una alternativa sin costo para el escritor cubano.

tuletraonline@gmail.com
tuletraonline.com
https://www.facebook.com/Tu-letra-online

EL AUTOR

EGARDO HINGINIO

Poeta, narrador, periodista y editor nacido en San Ramón, Campechuela, Granma, Cuba, el 24 de abril de 1969. Ha pertenecido a grupos literarios y se ha desempeñado como asesor literario desde el año 2004 y editor, desde septiembre del 2009, año en que comenzó su labor como director de la revista cultural *Ventana Sur,* y fundó el boletín literario *La Palma del Auriga,* el periódico cultural *La Campana,* la revista infantil ilustrada *Papalote,* el periódico cultural *Cupey* y el periódico mensual dedicado a la literatura infantil *La Chiringa.*

Actualmente labora como Jefe del Departamento de Comunicación Cultural de la Dirección Provincial de Cultura de Granma, dirigiendo el Centro de Comunicación Cultural Ventana Sur y el Centro de Promoción y Gestión Cultural Ventanas.

Ha recibido premios, menciones y reconocimientos en varios concursos, se destacan la beca de creación «Caballo de Coral», otorgada en el año 1999, por el Centro de Formación Literaria Onelio Jorge Cardoso, del cual es miembro fundador. Ha participado en encuentros literarios nacionales e internacionales. Sus publicaciones han aparecido en el boletín *Despertar* (Campechuela, 1990) y en el tabloide *Banco de ideas Z* (La Habana, 1991); *Revista Norte,* del Centro de Afirmación Hispanista (México, 2002); revista cultural *Ventana Sur* (No 4, 2007) (9, 2010) y (14, 2013) (Bayamo, Granma); *Desde ninguna parte una palabra* (Antología de Cuentos, Ediciones Bayamo, 2004); *El Hombre Obscuro* (Libro, Poesía) (Ediciones Bayamo, 2007); boletín literario *La Palma del Auriga.* (No XXIV, noviembre 2012); periódico cultural *La Campana,* en varias ediciones pues escribe artículos, reseñas críticas en la sección *El Campanazo* desde el año 2011 hasta la actualidad, también en la revista infantil ilustrada *Papalote,* (No 4, 2014); en publicaciones web ha publicado en la Antología Mundial de Poesía en la dirección http://poetassigloveintiuno.blogspot.com/2012/06/7122-edgardo-inginio-rodriguez-fonseca.html

Contenido

Prólogo

¿Un libro de sonetos? Un ejercicio interesante para un joven poeta de hoy, cuando, por lo general, todos o casi todos huyen de ellos y escapan por el ala narrativa o el verso libre que consideran más fácil. El soneto era la prueba a la que la escuela clásica tradicional en la antigüedad medioeval y renacentista ponía a un poeta, para saber si era verdadero y no un simple versificador. El origen del soneto se pierde en la noche de los tiempos. Su ajustada medida es de 14 versos octosílabos, inicialmente consonantes, y luego asonantes, con cesura en la 6ta sílaba; más tarde surge el endecasílabo, con cesura en la 7ma. Aparece inicialmente en la Literatura Grecolatina, en la poesía italiana y española, sobre todo en los llamados poetas provenzales. Su origen verdadero es árabe, una especie de derivación de la jarcha y la moaxaja, que poco a poco le fueron dando sentido y contenido en nuestro idioma. Catulo, Zafo, Marcial, Anacreonte, Virgilio Marón —el de las Églogas y las Georgia—, Petrarca, Dante Alighieri, Lope de Vega, Garcilaso, El Brocense, Don Luis de Góngora, Cervantes y otros, hacen las maravillas del género, también la escuela francesa e inglesa hicieron su parte. Los árabes, hebreos y en Mesopotamia: fenicios y caldeos, usaron prácticamente la misma estructura, pero, dadas las características de sus lenguas, tenían otras formas de acentuar.

Del mismo modo que el haiku o el tanka japonés, tienen sus formas y estructuras, la Literatura Grecolatina fue creando las suyas: cuarteta, terceto, madrigal, seguidilla, décima, epigrama, etc.

La relación entre epigrama y tanka o haiku, es muy similar con respecto a la intención, que está basada en el aspecto sensorial del asunto. Desde luego, la gran diferencia con las lenguas asiáticas está, en que estas, por ejemplo: el japonés, el chino, el tailandés o el vietnamita, son lenguas semitonales, es decir, están medio tono por debajo del español, el italiano, el inglés o el francés. Del mismo modo que no todo el mundo puede escribir un soneto, lo mismo ocurre con el haiku, que como digo yo, dadas las características de esas lenguas y la estructura de pensamiento, sólo puede ser escrito por un japonés, aunque haya quienes se atrevan a hacerlos en otras lenguas y, generalmente, hacen el ridículo. Jorge Luis Borges, Neruda y Octavio Paz, más o menos lo hicieron bien.

Edgardo Hinginio escarba en el sustrato y entra en un juego de espíritu y placer, como arrimando la antorcha de la imaginación en un ferviente escándalo de voces, enhorquetando, a veces, sílabas pares e impares, hasta entrar en el vértigo de lo vivencial, con las llamas del deseo ardiéndole. Cabalga sobre estructuras férreas, ocasionalmente en picadas, entrando y saliendo sin inmutarse, de la estructura obligada que lo condiciona. Se aferra duro, pelea con los moldes, hasta hacer parir la intención que aspira. Dice lo que quiere y pondera aquello que le viene a saga.

Bonito ejercicio ha hecho él, con el cual nos demuestra que no solo sabe versar, sino que es un poeta. Un creador que sabe cómo mover las formas clásicas tradicionales más difíciles y cabalgar en la poesía desnuda, sin los artilugios de la rima y la medida, eso sí, sin que le falte el ritmo, cosa de la que no puede carecer un verso.

Es provecho; y mucho, lo que ha hecho o ha intentado hacer este joven poeta, quizás ya no tan joven, porque la madurez le viene de los sueños y, lo que aspira le va naciendo cada día del alma.

Como bien saben los que me conocen, pocas veces soy dado a los elogios inoportunos y a las chicharronerías; pero, honrar honra, y allí, cuando no hay mucho brío, siempre es bueno dejar el potro con las riendas sueltas. El ánimo y la fuerza de voluntad, han de ser, en nosotros los creadores, nuestro caballo de batalla. Vaya pues, poeta, este elogio oportuno a sus Contrapalabras hasta mejores días.

Ogsmande Lescayllers.

A Martha Tamayo Fonseca

...proemio...

Hijo soy de los aires, los espejos,
nacido a medianoche con enigmas,
mis espectros de luz son como sigmas,
como incógnitas curvas a lo lejos.

Sangre vierto en las lilas y los rejos
y mis rastros no son los paradigmas
donde descubrir claros los estigmas
de cierta fabla inerte en mil reflejos.

Vivo gris de lirios en media espuma,
encendida la mano sin la pluma
e irisada en ardides la memoria.

Sombra soy, paso firme sin la huella,
libre laberinto en boca de ella,
nardos de silencios y poca gloria.

…en el perpetuo y
voluptuoso silencio que
germina…

1

Beso luz, enhorabuena, la oscura
rojandad que en tu madrugada impera,
cuando brillante duerme la madera
y el tiempo nos achica y nos apura.

A nada vuelvo, vivir nada dura
si no se alimenta el sexo, la espera,
el grito instintivo, la nueva era,
el desnudo es la enfermedad que cura.

Muerdo, mi serpiente en silencio clama,
logro hallarme en tu imagen y en tu sombra
y algo puro a lo lejos también llama.

No me olvido que existe el otro espejo
donde late el designio que nos nombra
y violenta el sentido más parejo.

2

Los secretos sonaban vagabundos
al partirse el silencio en dos mitades,
eran anónimos, y sin edades,
amorfos libres, salobres, rotundos,

oscuros para llover, infecundos,
húmedos de grietas; con sus verdades,
con buenas intenciones, con maldades,
nunca muestran sus rostros más profundos.

A veces misteriosos se tropiezan,
esfinges de la vida son, y callan;
irreconocibles huyen, y empiezan

enigmáticos dones a brotar,
las visiones incógnitas se hallan
para nada poder asimilar.

3

Resuena ameno el eco corporal,
el aire llora gestos duraderos,
vuelve el instinto a los dos jornaleros;
el amor fiero en largo temporal.

La tierra necesita del coral,
el mar de despertares mañaneros,
el corazón de noveles maderos,
la vida de un soberbio cantoral.

Los labios secos de piedad, andantes,
abiertos los ojos: nardo sin luz,
los pasos enredados y vibrantes.

De enero a enero los sexos insanos,
estallan dos: soberbia contraluz,
agua, vientos, ojos, labios y manos.

4

Y de su piel desprendo la pradera,
aun muerdo sus labios, sonriendo lloro,
a fuerzas de viento en silencios oro;
ésta última noche es la duradera.

Ésta última noche es la duradera,
crujen los sexos; un inmenso poro,
crepita y brama como tierno toro,
en la innata flor de la primavera.

Su nombre escucha la boca cercana,
es él, la luna se arma, luego hay dudas,
separaciones, juramentos, mana

de los dos cuerpos necesaria vida,
se dan la espalda las razones rudas,
que son las mismas de olvidar la huida.

5

A Linaida

Danzan los negros cabellos a solas
despejando el rostro de tu mirada,
sereno cruje el nervio, la almohada
y gimen de espacios las amapolas.

Tus imanes labios truenan, y olas
arrastran mis cuerpos a la morada
donde cuece la vida enamorada
dos mundos encendidos de aureolas.

Y pasará, suspendiendo la luna
del pecho de la noche, y volverá
la mañana otra vez con voz alguna.
Y será el navegar de alguna estrella:
ella y yo, otro ser en dos nacerá
como una flor, doble paso, yo y ella.

6

En ti mis ojos quedan despeñados
por rosas en claveles deshonestos,
de mis sentidos solo restan éstos
manojos de nervios desvencijados.

Por ti mis pasos hieren dislocados
el sexto cielo, más los otros restos,
mis esperanzas son fieles arrestos
que guardarán mis huesos mal usados.

Destilan cabellos como almas dobles,
se hiela en mis noches mi luz de abril,
juntos, perlas y vinos se hacen nobles.
Mas, nada atormenta en el cuerpo manso,
ni labios, ni manos; no hay más viril
llanto, que el recomendable descanso.

7

A Ariadny, medialunera

Durísimos pechos de clavellinas.
Instintiva boca, gustos lunares
en los que se agolpan los siete mares,
los siete mil cuerpos de arenas finas.

Siete ríos de rocas cristalinas
coagulan ojos en diez mil lugares
y en diez mil pedazos que no son pares
mis manos se deshacen en neblinas.

Muerde mi ilusión el sabor agudo
de la pasión en conos transparentes,

envenéname el añejo que pudo
alocar la flor, embestir el alma,

sin apenas vida, ni mil ardientes
siete cuerpos, pierdo, pierdo la calma.

8

Piedra: madre rodante en el camino,
sentencia el eco, la huella indeleble,
la raíz infinita, el viento endeble,
las lluvias, el fuego, la voz, el trino.

La cruz abierta de todo destino
es hallarse de pronto casi feble,
diferente como animal de ble-
nia faz, en el suave lecho marino.

Se nace, bien materia dura o blanda
y tú, piedra esencial, a veces dueles
como pena que sólo dios nos manda.

Sin embargo, existes, y eres Edgardo
cuando dulce luz en tus huellas hueles
y eres la misma, convertida en bardo.

9

Estoy en paz, dotado, hermana duda
de no sé qué andares y anulaciones;
las vueltas al hilo de las acciones
devuélvenme el yo, luego de una ayuda.

No muestro el pie, ni la huella que acuda
a borrar el don de las atracciones
en donde me estacan vacilaciones
e impulsos me llevan a mano ruda.

Soy luz que descubre la nada estable
para equilibrarse diez sólo en uno,
igual, aunque no sea razonable.

Y como un todo puro que arma poco
muchas veces razono en ley, y alguno
es respuesta firme; también tampoco.

10

Tocad abiertamente el punto rojo
ensombrece en blancura, duele largo
como liviandad de hoz, y, sin embargo,
sacude el fiel y no muestra su enojo.

Fantasmal de palabra, digno el ojo,
el cíclope enseña su fuego amargo,
disecado en el aire por encargo
del tiempo, y uno que otro añil abrojo.

No habrá límite, ni lugar exacto,
para el color y el signo, ni tan alta
tinta que emane del dedo y del acto.

Pero el hombre es dura fuerza y paciencia
constante en plena lucha; grita, salta,
es su vida roja, blanca es su ciencia.

...en la anticipada
presencia de la armonía
sobre el papel...

11

Como una luna abierta al sol, destello
líquida armonía, el instinto, voy
en busca dactilar del pan que soy:
agua y sal, llave y sed, olvido y sello.

Centavos de pobre, sabor de aquello
que nada hiere y en la nada estoy:
ser luz y entalladura eterna hoy
sangrando años por el callado cuello.

¿A donde iré?, si la mañana es dura
línea espiritual de la añeja hiedra,
transparente en el mensaje y la cura.

¿Qué seré?, ¿cómo me adentro en la pura
ondulación del aire y de la piedra,
cuando cuece un buen hombre su locura?

12

Y pensar que la nada es lo supremo
e invade a golpes de sed y de agua,
cada ser, cada hueso va a la fragua
con la fe en vueltas, el instinto extremo.

Como barca agitada por un remo
desconocido y terso, se desagua
el manantial de la vida en la enagua
azul; yo nada imploro, nada temo.

La nada pequeña como la Nada
a veces se engrandece igual que el todo
y se anula en tres, y es una cascada

en donde se completa el universo
para hacerse más hombre, más dios; lodo,
seca luz: rosa prosa, verso inverso.

13

Es un sábado abierto en comas, vibra
la madrugada en plena luna y tiñe
el mar de canas, el aire es quien ciñe
la hiel que nos recluye y que nos libra.

Apenas la luz el dedo calibra
anuncia el eco y que una brisa riñe
con la piedra interna que el bien aliñe
descubriendo el vientre de cada fibra.

Normal la red de gritos capilares
que penetra en el alma y en el nervio
para ahogar sombras de altos pilares.

Sangra en mí, sin embargo, nada duele
la herida abierta en un estado servio,
que anula a veces, y hasta estallar suele.

14

En un desorden vacuo y transparente
me hicieron joven las pasadas horas,
al descuido anduve, y aun en las moras
tradiciones fluyo: luz aparente.

Minimizado el tiempo, rudo el ente
que agrieta los huesos si osado oras;
temo al sí de oficio, y al no de esporas
al mismo tiempo que al vocablo ardiente.

Existo y, ¿no sé cómo?, ¿no sé dónde?,
cada vez más joven yazgo en la vida
a expensas de no sé qué rey o conde.

Luego no importa que en el aire ronde
un ángel de mi espíritu que anida
en la nada el buen tiempo que me esconde.

15

Ojos color cuarenta y dos, sexuales,
ondularmente resuenan, y luego,
como piedras estallan en el fuego,
internos, por primera vez, anuales.

Alejados del dos, pero en bien duales,
en tres jardines seis puertas en juego
y se eternizan en un contrafuego
danzando en meditaciones sensuales.

Izquierdos en almas, puros de espejos,
llueven en una luz encarcelada
libertos, sí, en nervios y reflejos.

Pero por fuerzas, los humos azulan,
razones muestran a la ley atada;
los universos despiertos, se anulan.

16

Haberse bebido, debidamente,
el alma, sin número afín ni coma,
desayunarse el instinto, el axioma
la profundidad vacua de la mente.

Ingerirse bien clara y con buen diente
la oscura tentación, el sol que asoma
en el espíritu y a veces nos toma
con el rostro rojo, la mano ardiente.

Fuego es lo que somos, volcanes mismos,
cuerpo y alma juntos, la propia hoguera
prende y se alimenta en los organismos.

Sin nada que ver, sin tiempo de espera
nos olvidamos del yo, de los sismos
que nos destruyen luz sin ser la tierra.

17

A Guadalupe Espinosa, ceibahuequera

Mana de la tierra tu olor más puro
en perfecto desorden de un impacto
se cuece el aire, digno se abre el tacto
al incauto brotar de un sexo duro.

La joven hoja del almendro oscuro
crepita ante la luz en impar acto
dulce es el nervio, el instinto del pacto
de la noche, las flores, y algún muro.

Dejarás otra vez en el camino
aquel interno olor de las campanas:
agua madura de sabor salino.

La roja huella blanqueará en mi sexo
cada vez más húmeda; más insanas
las pasiones del oloroso nexo.

18

Empozóse en el hierro el agua clara
se enturbió, rebestializóse roja
e infecunda duerme por culpa añoja
ante la luz y la mañana rara.

De dientes azules y ojos mil para
volverse recta, y frente al altar floja
constitución de la sed que se aloja
en las almas, y de dios nos ampara.

Es su esencia la ley, y aunque en bien cura
su claro frescor de líquido ayer,
sangra el metal, la luz, la noche impura.

Duele al aire perderse un vital ser
que en la mirada cuaja su lectura:
la voz de la armonía de beber.

19

A Daily, sanramonera de Florida

Las cuatro esquinas de tu corazón
diariamente giran, a mí se orientan,
como puntas de mañanas se alientan
para hallar agua y fuego, luz, razón.

Las siete paredes de tu armazón
diariamente estallan, luego se ambientan,
en los adentros móviles se asientan
a dejar néctares en el tazón.

Y tu cabellera de aguas doradas
crepita en rojo con mis diez sentidos

y tu delgadez de gracias amadas
muestra en su rostro la miel de florida

y de tus labios despierto latidos
en pleno sueño, la noche y la vida.

20

La curva de mi sexo en el dolor
agudo de la esperanza, no acampa;
determina la imagen de la estampa,
su filo estable, su tres de color.

Amena boca, destilado olor
que penetrante en sí la noche escampa;
los abrojos necios, la viral trampa
emana luz, arde en fiero loor.

Apenas dueles, soledad ajena,
ayunan ojos en el ventanal,
despierta el estigma, gira la pena.

La armonía aumenta, pero es banal
confirmación del don que desordena
aguas de silencios en un canal.

...en la incipiente
espiritualidad semidesnuda
de la palabra...

21

Puedo apagar la luz, tomar la noche
en el puño, crepitar la ansiedad,
olvidar el nombre, tu falsa edad,
ser la justicia en tu escondido broche.

Aminorando el nervio por reproche
a quedarme en fuegos de necedad;
el beso filoso es vieja heredad:
camino en vuelo, navegar en coche.

Limitando a uno algún dos alejado
no hiero borde, ni amante sabor:
núcleo febril, solitario y alado.

En busca estática con manos llenas
de no sé que maleficio a babor
hallo las algas, y no son ajenas.

22

Muchacha, el aire ámbar del espejo
es un arroyo abierto en la ventana
que anula las nieblas y la mañana
y al atardecer alza embrujo añejo.

Lozano es el fruto del don reflejo
de hallarse tu cuerpo en la piel mundana
que a gritos dos almas el sexo mana:
una edad tierna que acompaña al rejo.

El aire brilla, se entorna, descansa,
húndese en las cavidades, concluye;
el nervio penetra al dolor, amansa.

El espejo estalla, funda cenizas,
se aquieta en la sombra, despacio huye,
y el vulnerado cuerpo se hace trizas.

23

Un nido azul de pájaros amargos
afiebra el tejado desde septiembre,
plomizo fue octubre, rojo el noviembre;
los sabores vuelan altos y largos.

El quebrado ay que arma los encargos
saturado ve el cielo de diciembre,
la cosecha es salud, y quien la siembre
vida y placer advierte más que embargos.

El tiempo pasará, y aun me provoca
que duro el nido azul corona sea
en la luz, o en la rama que nos toca.

Más cediendo al verso virginal tea
atino el alma, y el ojo en la boca
para sacudir la cerviz, la idea.

24

En un sabor equis la planta eme
en delirio ayer tarde izó sus trajes,
cremó sus jotas, quebrantó sus viajes
y el aro oscuro a quien ya nadie teme.

Dorando la virtud que el aire queme
halló la efe entre sus embalajes,
se fue en azul, el haz de los tatuajes
brillará en las dos manos de quien reme.

La flor se abrió por un enigma antiguo
en la primavera i de las nostalgias,
dejó a mejor cielo el verdor exiguo.

No espera letra alguna la mañana
ni bocas, ni canciones, ni neuralgias;
pero en equis y en eme el fruto mana.

25

Cuando en dos me equilibro, hago el amor
y en abrazos de tierno cereal
acorto la vida en tiempo real
para aquietarme en los pies de la flor.

Extraña e inquieta en el tenue color,
sensatez doble en fuerza boreal,
ojo huyendo por ley a Montreal
sin dejar la prisa, el grato fulgor.

Soy la propiedad conjunta y exacta
que engrandece al receptor-emisor
en la nada, el todo, el verso y el acta.

Y estallo lento de máximo ayer,
de hoy, mañana, de lente visor
y de identidad propia en nuestro ser.

26

Escapa el agua, milagrosamente
del agua, pared en medio, a equis gotas,
es un alma mágica de las notas
sublimada en los dedos de repente.

Llano y terso su espíritu, carente
de un cálido cristal de copas rotas
vibran en su luz raíces ignotas
y falsos gestos de un puñal latente.

Nocturna es el agua, redonda y fría
cuando escapa del interior cerrado
buscando la dulzura que la cría.

Y no es ley, no lleva por la sed gula,
pero en círculos yace el labio atado
a su presencia que de pronto es nula.

27

El tacto abierto al tacto en bien carece
del rostro agudo de la duda, mece
su esqueleto sincopado y poroso
en la hoz de las barcas y en el acoso.

Manantial de gestos, ser novedoso
en la corriente del ay caudaloso
se refleja en rayos y languidece
en la sombra del carbón que parece.

Su vuelo es música, su sueño el alma
en donde la luz se agita en la calma,

sus huellas nacen y son al instante
espuma y red, espacio limitante.

Y no se muestran los rostros formados,
el tacto y la duda por ley normados.

Mi secuencia normada huele a luna,
suave y salobre en plena madrugada,
me bebo en ella a veces hiedra y tuna,
sin temor por la boca anonadada.

Penetró la razón la oscura cuna
donde dormía el instinto y la nada,
ahora presa de delirios una
y otra vez muda el alma ensimismada.

Es la vida continuación de planos
y rectas en materia espiritual
por donde vaga el hombre en pies insanos.

Como un astro de un planeta usual
mi cuerpo se sumerge en mundos canos,
y encantos del estado más puntual.

29

Late y tienta, duele dispar el sello
que húmedo y alado en desorden lanzo,
ni es vivo, ni es justo, ni es ley; no alcanzo
su alma en sombras de la luz: lo bello.

Agrietado su esqueleto en aquello
que su mineral no asimila, afianzo
el filo de su sed en mi ojo, y danzo
en la agonía triste de un resuello.

Mis sentidos, virtudes de lo extraño
ante el hecho fugaz e incomprensible
sin doble en otro ser, lugar, ni año.

La magnitud del asombro hace un daño
sin límites en el don más sensible
de hallarse pleno en uno y sin engaño.

30

Un almuerzo de frágiles naranjas
penetra la corteza estomacal
en una lid de mohos, fuego y cal
y anieblan el espíritu de franjas.

Sentencian la sed, pero muestran zanjas
si alimentan al hambre como sal
diferente al hambre, y de forma tal
que licúan la luz oscuras granjas.

Hay vacío poroso en el vacío,
un ingenuo y gris músculo que flota
y pena, y anuncia el ay del estío.

Hay espera por la hora de la nota
final del cuerpo ante el numen tardío
y no hay nada más, solo el alma acota.

...en el eco esencial
y sempiterno de la
contrapalabra...

31

Hieldad, abruma el tic tac, un, dos, tres
sin puntos, incertidumbre y anhelo
a veces comas, suspensivo cielo
penetrante e infinito: el buen ciempiés.

Sin embargo, es herida, muro y es
también cicatriz, pistilo, luz, pelo
que rueda al absoluto, sombra, celo,
propio lo propio, los cómos, los qués.

Figuras en la hoz, la piel, los fieles;
rojo sagaz del aire y el acero,
impenetrable en el agua, los rieles.

Sueño similar a un faro, las mieles
que engendran las tierras, y el volver fiero
de la anónima hieldad; frío, hieles.

32

Si tuviera un centavo en cada dedo
en flor de loto fuera un mago justo
y mi añoranza como un simple susto
volviérame una nada o un fiel de enredo.

Si pudiera lograr lo que no puedo,
pienso: prohibido estuviera el busto
de mi libertad en el buen robusto
espíritu de dios, pero en luz quedo:

aunque no exista palabra, ni ser
que llene el cuerpo de la eternidad,
de la paz material, de su poder;

aunque no exista la conformidad
la puerta, la justicia: no tener
es tener otra forma de equidad.

33

Médula móvil e ígnea del sonido
que acontece de onda en onda, fielmente,
vibra en el aire, penetra en la mente
al primer coro sordo del oído.

Discurso íntimo y basto del fluido
que equilíbrase en voz de cada ente
toda existencia exacta y plenamente
halla lo justo al poder dividido.

Pensamientos heterogéneos, sol
de vida inmaculada y firme estado,
permanencia sutil en digno rol.

Suprema luz del universo armado,
elocuencia estable del caracol
que bigbanea y duerme enamorado.

34

Nostalgia anélida, bien encrespada,
que bate en péndulos, anula a veces
y en el espacio más íntimo creces
en ala y rocas, en luzbel y en hada.

Hostil nostalgia y hiedra amanerada
en virtud del acto sombra pareces,
la vida inmersa en duras lobregueces
entorna el aro, el fuego, la andanada.

Vil en el nombre, en las emanaciones
la materia física, espiritual,
golpea el sexo en las grises acciones.

A la nada tiende mano, al sol ojos;
sueña un verde trillo limpio y sensual
y aros de aguas en el cuerpo, flojos.

35

A Yuni

¡Delirio a primera vista! Temblores
de luz, de universo, de espejos. Alma
en alas de las aguas. Ya no hay calma.
Heridas se inmovilizan las flores.

Mansos ojos de profundos colores,
fuego adentro, afuera verbena y palma,
filo azul que encoleriza y ensalma,
lunada piel de sutiles olores.

Camino de ochún, cuerpo en perla blanca,
entallado, verbal y transparente,
savia amena y frágil, alegre y franca.

Canela en huesos, sándalo y sol, fuente
de agua y miel que la maravilla arranca,
¡ah, maravillado yo, eternamente!

36

A Andrea, ceibahuequera

Por tu inmóvil huella de fuego azul
blanca en tierra y lunática de ardor,
por tu flagelada luz y el candor
de tu eco, número en letra y tul.

Por los cielos, tus venas y el baúl
donde guardas los polvos del amor,
por tus pétalos mansos de temor
pretendientes de David, de Saúl.

Por tu alegría impar, mágica sed
que amamanta el agua y los fatuos ojos,
por el misterio de tu piel, su red.

Por el tiempo de tu voz, y tus rojos
dedos de liviandad cruda, tened
mis cuerpos en desórdenes, de hinojos.

37

Lanzó su curva el pez de fuego al río,
fin, la luz de la cola flameó
la humedad instintiva y desarmó
su esqueleto en simples hojas de frío.

Al aire cenizas, a la flor brío,
la luna en humos el trillo colmó,
equilibrios cíclicos dominó
para hacer del espacio amplio trío.

El agua aún bebe su peso en fuego
por su amante enorme, lleno, rotundo
y se acolchona en la tierra, arde luego.

El pez espiritualizóse manso
su ígneo zigzag en voz halló al inmundo:
fosilizó su instinto en el remanso.

38

Dieciocho pesos diarios del sudor
que enfrascan mis tinos y desatinos,
dieciocho pesos de quesos, y vinos:
lágrimas diarias de genio y pudor.

Dieciocho pesos, son un mal Tudor
para barrer la raíz de los trinos,
dieciocho aguas y piedras para sinos
y, otras veces, también, para el deudor.

advierten huellas, veinticuatro días
con siete jornadas de falsos celos;
deben existir otros pies, las vías…

ciento noventa y dos horas de pelos,
células muertas, unas alegrías:
de eterno sudar por dieciocho cielos.

39

Vestida de mis ojos puros, sola,
abierta al mundo como enredadera,
te volviste río, escarcha, pradera;
fugaz acierto sobre la corola.

De un ayer al otro ayer, tierra y ola,
sortilegio, secreto oficio era,
tantas mitades y mitad entera,
en mis labios su boca dijo hola.

Hoy por hoy bendigo la creación,
la costilla fecunda, nacimiento,
en el abrigo prohibido la acción.

Honro a la serpiente, a mi sentimiento,
pecado verde, la vid, la pasión
fiel: las razones por las que no miento.

40

Desnuda como luna entre poetas
bailabas sobre el río negras danzas,
unas misas al Congo en sus andanzas,
conjuro de arcoíris, ron, chancletas.

En montes y cabellos de saetas
arden noches y perros como lanzas,
un temblor en los senos donde avanzas
en tatuajes, ofrendas y caretas.

Al Orisha la tierra, los honores
un bembé para el sexo y la diablura,
té de sabor a sangre, olor a flores,
que en dobles cruces de ébano perdura,
al buen compás del humo y los tambores,
el ecuador redondo en tu cintura.

...en la ausencia
del espíritu y la
materialidad...

41

A Marina, mi madre

Libre pareces en las viejas calles
bebiendo el veneno de los alpistes,
sonrisas a veces, otras muy tristes
lágrimas hacen los ríos y valles.

¡Pobres ojos, en mis huesos no entalles,
polvareda somos, pero no quistes;
y aunque de alcoholes siempre te vistes,
en mi arrecife tu barca no encalles!

Palabras gemelas tu lengua asaltan
como a los cuarteles los guerrilleros,
búhos añejos en tu pecho saltan
rellenos de humos y santos grilleros
y malignos poderes en ti esmaltan
incógnitos valores pandilleros.

42

A Vicky

La medida exacta para el arroz
que redunda otra vez en mi garganta
y con el verbo crece como planta
después de germinar a media voz.

Se escucha la palabra de la hoz,
también la melodía que no encanta,
la vanidad se niega, pero es tanta
que el brillo de los dientes suena atroz.

Retorna nuevamente su blancura
desde el primer año día por día
en la leve enfermedad y en la cura

de un sueño vagabundo que depura
el placer del instinto, la armonía:
mi diente y el arroz en su locura.

43

el beso cruje al sexo y lo deshace
en la boca que provoca, el abrigo,
entona y desentona en una face
incierta y siempre abierta, si consigo

que crezca y reaparezca y luego trace
en la esquina la rutina, el postigo
que suena si resuena cuando nace
la duda que reanuda lo que digo:

que condene al níveo valle, y que estalle
la venganza de no irnos y morirnos
ebrios en la estampida, y la salida

más digna que no falle, y que se calle
la lid: mal sentirnos sea reírnos
a salud dividida, en plena vida.

44

de la isla, sutil angulosidad,
a dos manos perennes su camino;
del mar, su oscura sed, polaridad,
las huellas cultivando su destino

del hombre, su ancha fe, sonoridad
en sus huesos, sus carnes y en el vino;
de la mujer, la abierta vanidad
evaluada en las penas y en el tino

la luz sopla a espalda del oleaje
por curar la demencia de la costa,

el amor lleva recta al abordaje
la pesada curva que en la riposta

bendice la barca, la vela, el paje
azul de los sueños; su paz angosta

45

la muerte es una sábana impoluta
de la vida, beso dulce, profundo,
inmerecido; brinda el ay rotundo,
firme, la áurea puerta irresoluta

a la cual llamo feliz, no me apena
amarla como una esencia, la flor
más cuidada ante el falso resplandor
de los años, la salud, la condena

primaveral de lluvias, la mujer
desnuda se divide y se propaga
una y otra vez: pies, razón y ser

inmenso amor en vida no se apaga,
debe intacto trasmutar su poder
cuando la muerte en sueño se deshaga

46

tres canas dieron luz a medianoche
a sutiles verbos de roca y fuego,
la infancia alma serena en cada ruego
de ascender a los cielos, y el reproche

fue no encontrar alas, ser un fantoche
que halló vanos espacios en el juego
de sembrar en dos aguas y que luego
la vida juntó apenas solo un broche

para sobrevivir en el desierto
imantado por la escasez humana
de la fuerza divina ante lo incierto

la luz fue portadora de la guerra
y se quebró el destino. Y la mañana
abrió en el verbo, el lucero y la tierra

47

A Lucy Milanés

Tu desnudez, la gaviota tildada
de amenaza, con sus dos suaves alas
de pezones erizados, los calas
en mis ojos, mis labios; la almohada

es presa de desatinos, un hada
que amerita las mordidas, exhalas
cuando cruje tu cintura las balas,
los gritos que aniquilan a la nada.

Tu espalda, playa, arenas movedizas,
curvas de nalgas duras que armonizan
esperando olas, las advenedizas
piernas, caracolas, ansias que izan
y entronan en los dedos las cenizas:
asonantadas carnes se eternizan.

48

Todas las mujeres juzgan desnudas
ante mí el pálido olor de las rosas,
sus semblantes son rutilantes losas
donde se expanden sus batallas rudas,

batallan sus pezones y sus dudas;
su abdomen, las grandezas; las tojosas
silvestres y sus manos; enojosas
caderas y diatribas tan ceñudas.

Trasparentes presumen sus tristezas,
solitarias orientan sus descansos
a las bocas secretas de tibiezas.

Mirándolas me pierdo en mis perezas
de ser poeta y hombre en los remansos
de la vida con todas sus rarezas

49

escombros administras a mis venas
llenas de savia ardiente para tí,
si electrizo lunas, lo que viví
sentí sin corazón, y es que mis penas

quenas dulces centellean serenas,
buenas según voz tuya para mí,
di eterno toda la existencia y ví
ni cumbres, ni firmamento, ni arenas

avenas nombras las caricias, pero
cero es el alimento en mi interior
señor que calibra mi cuerpo entero,

velero a expensas, tu capricho soy,
voy soñando, aunque cruja de dolor,
amor, alma que sin tu amor te doy.

50

A Ary, más allá del más allá…

Desesperación: si miro escuchando
las letras de horas en horas, pero si
escucho mirando la luz de abril, mi
desesperación; camino volando.

Angustias; tan solo, si pienso andando
sobre aguas que me separan de ti,
y si ando pensando, los polos, vi
angustias; dudas, y canto llorando.

Es imán que tiende a ser lo que no es
en cuerpos que acomodan sus sentidos
y condenan límites que no ves.

Más la vida es gerundio de latidos,
y fiel acompañante de los tés
que entonan los momentos ya vividos.

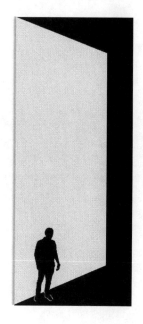

...epílogo...

.

el hombre ya regresa de su casa
a su vientre y su rostro menos denso,
en el camino ha dejado un extenso
sentimiento, sus esencias, su masa,

el hombre ya no piensa y se desfasa
a simples equilibrios, no es un censo
donde pueda ser dios bajo el incienso
permanente en otros hombres, escasa

su cosecha es, tardó tanto una mano,
una calle y unas huellas, el sudor
se fue andando tras el terreno vano

del pasado, se fue también su espera,
sus ansias, quedó el hombre sin ardor
sin nada, ni nadie, en si mismo: afuera

OTRAS PUBLICACIONES
DE TU LETRA ONLINE